¿Quién fue Woodrow Wilson?

¿Quién fue Woodrow Wilson?

Margaret Frith

Ilustraciones de Andrew Thomson

loqueleo

SANTILLANA USA

A Norman, mi valiente hermano bermudeño.
M.F.

A Rhia.
A.T.

loqueleo

Título original: *Who Was Woodrow Wilson?*
© Del texto: 2015, Margaret Frith
© De las ilustraciones: 2015, Penguin Random House LLC
Todos los derechos reservados.

Publicado en español con la autorización de Grosset & Dunlap,
una división de Penguin Group.

© De esta edición:
2015, Santillana USA Publishing Company, Inc.
2023 NW 84th Avenue
Miami, FL 33122, USA
www.santillanausa.com

Dirección editorial: Isabel C. Mendoza
Coordinación de montaje: Claudia Baca
Servicios editoriales de traducción por Cambridge BrickHouse, Inc.
www.cambridgebh.com

Loqueleo es un sello de **Santillana**. Estas son sus sedes:
ARGENTINA, BOLIVIA, BRASIL, CHILE, COLOMBIA, COSTA RICA, ECUADOR, EL SALVADOR,
ESPAÑA, ESTADOS UNIDOS, GUATEMALA, MÉXICO, PANAMÁ, PARAGUAY, PERÚ, PORTUGAL,
PUERTO RICO, REPÚBLICA DOMINICANA, URUGUAY Y VENEZUELA.

¿Quién fue Woodrow Wilson?
ISBN: 978-1-631-13431-9

Published in the United States of America
Printed by Thomson-Shore, Inc.

20 19 18 17 16 15   1 2 3 4 5 6 7 8 9 10

Índice

¿Quién fue Woodrow Wilson?............ 1

Infancia en el Sur.......................... 5

A la universidad........................... 14

Rumbo al Norte........................... 18

De nuevo en el Sur........................ 24

De regreso a Princeton................... 32

Rector de la universidad.................. 44

Camino a la presidencia.................. 50

La vida en la Casa Blanca................ 63

"Él nos mantuvo alejados de la guerra"..... 77

Preparación para la guerra................ 84

La lucha por la Liga...................... 94

Líneas cronológicas...................... 104

¿Quién fue Woodrow Wilson?

Woodrow Wilson tenía casi cuatro años de edad y estaba jugando frente a su casa en Augusta, Georgia, cuando de pronto pasó un hombre corriendo. Iba gritando que Abraham Lincoln había sido elegido presidente y que la guerra se avecinaba.

El niño corrió a su casa a preguntarle a su padre lo que significaba todo aquello. Su padre le explicó que los estados del Norte iban a pelear contra los estados del Sur. (Wilson comentó tiempo después que este había sido uno de los primeros recuerdos de su niñez.) En efecto, meses más tarde, en 1861, estalló la cruel Guerra Civil. Duró cuatro años.

Más de cincuenta años después, Woodrow Wilson se convertiría en presidente de Estados Unidos. Y habría de enfrentar otra horrible guerra. En 1914, se desató la Primera Guerra Mundial en Europa. Alemania luchaba contra Gran Bretaña, Francia, Italia, Rusia y otros países, algunos tan lejanos como Japón.

Por tres años, Wilson mantuvo a Estados Unidos alejado de la guerra. Sin embargo, más y más barcos de pasajeros con ciudadanos estadounidenses que cruzaban el Atlántico eran atacados por los torpedos de los submarinos alemanes. Estados Unidos entró a la guerra en 1917. Con Estados Unidos en

la contienda, la victoria no tardó en llegar.

En 1918, el presidente Wilson viajó a Europa para asistir a la Conferencia de Paz de París. Las naciones que habían ganado la guerra hacían planes para el futuro de Alemania y Europa. Wilson tenía una idea para lo que él llamó la *Liga de las Naciones*. Esperaba que esta asociación pudiera prevenir nuevas guerras.

Según Wilson, los países tenían que trabajar juntos para lograr la paz. Era una idea maravillosa. Lamentablemente para Wilson, el Congreso de EE. UU. no permitió que el país participara. Fue una gran desilusión para el presidente. De todos modos, en 1920, al presidente Woodrow Wilson le otorgaron el Premio Nobel de la Paz. Muchos lo consideran uno de los presidentes más importantes de Estados Unidos.

Capítulo 1
Infancia en el Sur

Thomas Woodrow Wilson nació en la noche del 28 de diciembre de 1856, en Staunton, Virginia. Su madre le escribió a su padre que Tommy era "un niño muy sano… y gordito. Todos nos dicen que es un niño *hermoso*".

Tommy tenía dos hermanas mayores, Marion y Annie. Su padre, Joseph, era pastor de la iglesia. Su madre, Jessie, venía también de una familia de pastores.

Los Wilson habían estado viviendo en Staunton cerca de un año cuando los invitaron a Georgia. Mientras estaban allí, el doctor Wilson dio un sermón en la iglesia de Augusta. Era

un hombre alto, guapo, extrovertido y con una potente voz. A los de la iglesia les cayó tan bien que le propusieron que fuera su pastor. El doctor Wilson aceptó y la familia se trasladó al sur.

Al comenzar la Guerra Civil, en 1861, las fuerzas del Norte pelearon contra los soldados Confederados del Sur. Augusta no fue atacada, pero sí llevaron hasta allí a los soldados heridos del Sur, así como a prisioneros de guerra del Norte, que terminaban en la terrible cárcel de Andersonville, Georgia. El doctor Wilson estableció en su iglesia un hospital para los heridos.

Las escuelas de Augusta cerraron debido a la guerra, así que el padre de Tommy le dio clases en casa. El doctor Wilson solía llevar a Tommy a visitar las fábricas y las empresas de la ciudad. Su padre luego le hacía preguntas sobre lo que había visto.

Wilson decía que su padre era "el mejor maestro que había tenido".

En cuanto a su madre, Tommy era su hijo favorito. "Mi madre fue toda una madre en el sentido más cabal y dulce de la palabra". Sus hermanas mayores nunca se pusieron celosas de su hermano. Al igual que su madre, ellas lo adoraban, y eso mismo sentía su hermano menor, Joseph, quien nació cuando Tommy tenía once años.

La señora Wilson se preocupaba por Tommy. Él padecía de problemas del estómago y de fuertes gripes. También sufría fuertes dolores de cabeza, igual que ella.

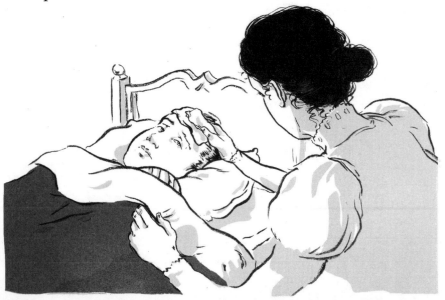

LA GUERRA CIVIL LLEGA A AUGUSTA

UNA DE LAS PRINCIPALES CAUSAS DE LA GUERRA CIVIL FUE LA ESCLAVITUD. MUCHOS SUREÑOS TENÍAN ESCLAVOS QUE TRABAJABAN EN LAS PLANTACIONES. ABRAHAM LINCOLN ESTABA CONTRA LA ESCLAVITUD. UNA VEZ QUE SE HIZO PRESIDENTE, LOS ESTADOS DEL SUR SE SEPARARON DEL PAÍS. ONCE ESTADOS FORMARON SU PROPIO PAÍS: LOS ESTADOS CONFEDERADOS DE NORTEAMÉRICA.

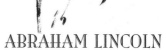

ABRAHAM LINCOLN

EL SUR PERDIÓ LA GUERRA EN 1865 Y TODOS LOS ESTADOS VOLVIERON OTRA VEZ A CONFORMAR UNA SOLA NACIÓN. EL NIÑO TOMMY WILSON, DE OCHO AÑOS, VIO CUANDO LOS GUARDIAS CONDUCÍAN A JEFFERSON DAVIS POR LAS SILENCIOSAS CALLES DE AUGUSTA. DAVIS HABÍA SIDO EL PRESIDENTE DE LA CONFEDERACIÓN, PERO AHORA ERA UN PRISIONERO.

La madre de Tommy se había dado cuenta de que él se tardaba mucho en aprender. No aprendió las letras del abecedario hasta los nueve años. No pudo leer por sí solo hasta que tuvo once.

En cuanto terminó la guerra, abrieron una escuela de varones en una bodega cerca de la casa de los Wilson. Tommy iba a la escuela pero no le interesaban las lecciones. Le gustaba más jugar afuera con sus amigos.

El béisbol era una novedad en Augusta. Todos los niños querían pertenecer a un equipo. Tommy era pequeño, pero era lo suficientemente bueno como para jugar la segunda base. Inició un club con sus amigos. Le gustaba mandar y ser el líder.

Los muchachos le pusieron por nombre a su equipo "Club de Béisbol Pies Ligeros". Se reunían en un pajar. Tommy escribió una "constitución" con reglas. Si los chicos no seguían las reglas, había multas. Si un niño decía malas palabras, tenía que poner cinco centavos en un bote de vidrio. Si faltaban a una sesión, debían poner diez centavos.

A Tommy le gustaba que los demás obedecieran sus reglas. Eso no significaba que él siempre se portara bien o hiciera lo debido. Una vez Tommy escuchó que había llegado un circo a la ciudad. Él y sus amigos no fueron a la escuela. Se la pasaron siguiendo a un elefante que desfilaba por la ciudad. Antes de volver a la escuela se rellenaron los pantalones con algodón. En esos tiempos a los maestros se les permitía dar nalgadas a los niños. Como se habían puesto algodón, les iba a doler menos. A Tommy no le importó que lo hubieran castigado. Fue uno de sus días más divertidos.

Capítulo 2
A la universidad

Tommy tenía 14 años cuando al doctor Wilson le ofrecieron un trabajo de profesor en Columbia, Carolina del Sur. Iba a enseñarles a los jóvenes cómo hacerse predicadores.

Los Wilson vivieron en Columbia casi cuatro años. A los 16, Tommy empezó a disfrutar del aprendizaje. Nuevas ideas avivaban su imaginación.

Tommy seguía leyendo de manera lenta, pero esto

no le impidió leer tanto como podía. Tampoco se le hizo fácil escribir a mano. Practicaba y practicaba. Escribía su nombre una y otra vez, hasta que le gustó cómo lucía. Después se dio cuenta de que existía la taquigrafía. Los símbolos de la taquigrafía le servían para escribir más rápido. Tommy ya no se quedaba atrás al tomar notas en clase.

Los Wilson se fueron de Columbia y se trasladaron a Wilmington, un puerto de Carolina del Norte. Al poco tiempo, Tommy se marchó a la Universidad Davidson, también en Carolina del Norte.

Tommy cumplió 17 años en 1874. Nunca antes había vivido solo. Llevaba cuentas de cada céntimo que gastaba, y listas de su ropa, su calendario de clases, los libros que pedía prestados y las cartas que escribía.

En la primavera, Tommy regresó a casa con una tremenda gripe. Todavía lo aquejaban los dolores de cabeza. Se sentía tan enfermo que no quiso regresar a Davidson. Prefirió quedarse y estudiar en casa.

Tommy y su padre pasaban horas felices juntos. Durante una de sus largas conversaciones, Tommy le contó a su padre que había hecho un maravilloso descubrimiento. Había descubierto que tenía "una mente prodigiosa. Me he dado cuenta de que tengo un intelecto y una mente de primera clase".

Tommy comenzó a pensar en volver a la universidad. James McCosh, un amigo de la familia, era el presidente de la Universidad de Nueva Jersey, en un pueblo llamado Princeton. Una vez, mientras visitaba a los Wilson, el doctor McCosh le había dicho al padre de Tommy: "el muchacho vendrá a Princeton, no hay duda".

El doctor McCosh resultó tener razón. A los 18 años, Tommy entró a Princeton.

JAMES McCOSH

Capítulo 3
Rumbo al Norte

Princeton era tan antigua como Harvard y Yale, dos de las mejores universidades de Estados Unidos. Era una universidad de varones solamente. Muchos de los estudiantes venían de familias ricas. Eran muy extrovertidos y seguros de sí mismos. Divertirse era más importante para ellos que sacar buenas calificaciones. Tommy prefería no destacarse, se

UNIVERSIDAD DE PRINCETON

quedaba observando y escuchando.

Tommy llegó a su primera clase esperando una conversación activa. Para su sorpresa, se dio cuenta de que el profesor solo presentaba hechos que los estudiantes tenían que memorizar. Este profesor no animaba a los estudiantes a que pensaran por sí solos. Tommy se aburría. Aun así, ponía atención y sacaba buenas calificaciones.

Lo que más motivaba a Tommy eran la historia y la política. En una ocasión leyó un libro de historia de Inglaterra. Trataba de Samuel Pepys en el siglo XVII. Pepys escribió un diario famoso que cubría diez años de acontecimientos importantes, como el Gran incendio de Londres y la Gran

SAMUEL PEPYS

peste de Londres. Esto inspiró a Tommy a escribir su propio diario usando taquigrafía.

En Princeton, Tommy se hizo miembro de una sociedad de debates llamada la American Whig Society. Un debate es un "alegato" o discusión con reglas. Los que participan en los debates toman posiciones opuestas sobre un tema. Un juez decide quién gana la discusión. Tommy escogió a los Whig en vez de otro equipo de debates porque estos se concentraban en la política. Él llegó a ser uno de los participantes más fuertes en los debates de los Whig. Un

viejo amigo describió "el fuego en su mirada" cuando Tommy se presentó a debatir un punto de vista.

Tommy nunca había visto un partido de fútbol americano antes de ir a Princeton. Se volvió aficionado en el primer partido. Iba a todos los juegos y aclamaba a toda voz. Sin embargo, el béisbol seguía siendo su deporte favorito.

El periódico de la universidad, *The Princetonian*, también formó parte importante de la vida estudiantil de Tommy. Comenzó a escribir una columna para el periódico. En el tercer año pasó a ser jefe de redacción. El personal supo de inmediato que a él le gustaba tomar decisiones. "Era el jefe y se lo merecía", dijo uno de ellos.

Tommy se esforzaba en sus estudios y estaba entre los mejores de su clase. Tenía un promedio de 90.3 y se graduó con honores. Pasó a estudiar leyes, pero en el fondo siempre soñó con hacer carrera en la política. No solo estaba interesado en lo que sucedía en el país, sino que quería ser parte de un cambio, quería hacerlo un mejor país.

UNIVERSIDAD DE VIRGINIA

En el otoño de 1879 Tommy ingresó a la Facultad de Leyes de la Universidad de Virginia, en Charlottesville. No estaba tan entusiasmado por volverse abogado, pero de alguna manera tenía que mantenerse.

A los 22 años Tommy decidió que quería que lo llamaran por su segundo nombre: Woodrow.

Woodrow no había tenido la oportunidad de conocer muchachas durante sus años en Princeton. Añoraba tener novia. Le escribió a un amigo diciéndole que todavía era un "pobre chico solitario sin una bella chica".

Woodrow pasaba su tiempo libre con sus primos cerca en Staunton, Virginia. No tardó mucho en enamorarse de Hattie Woodrow.

Ella era inteligente y alegre, y a los dos les gustaba estar juntos. Pero cuando él le confesó su amor, ella se sorprendió. Lo consideraba solo un amigo. Woodrow quedó muy decepcionado.

Woodrow volvió a padecer dolores de estómago y gripes que no se le quitaban. En su segundo año, se fue para Navidad a su casa de Wilmington, sintiéndose muy mal. Su padre y su madre lo convencieron de que no regresara a Charlottesville.

Después de estudiar por su cuenta por año y medio, Woodrow se sentía preparado para ejercer la abogacía. Decidió irse a Atlanta, Georgia, una ciudad del sur que crecía rápidamente.

A Woodrow no le gustaba ejercer la abogacía, así como no le había gustado estudiarla. Comenzó a pensar en ser profesor universitario. Quería enseñar historia y ciencias políticas, el estudio de cómo

UNIVERSIDAD JOHN HOPKINS

funcionan los gobiernos. Presentó la solicitud en la escuela de postgrado de la Universidad John Hopkins en Baltimore, Maryland, y fue aceptado.

Antes de irse de Atlanta, fue a Rome, Georgia, a ver a su madre. Su hermano había muerto. Ella le pidió a Woodrow que se encargara de sus asuntos. Un domingo por la mañana, en Rome, Woodrow fue a la iglesia. Al otro lado del pasillo vio a una jovencita de "cara vivaz y bonita". Quedó fascinado por sus "espléndidos ojos traviesos que reían".

Resultó que su padre era un pastor. Woodrow había planeado presentarse personalmente al reverendo Axson al terminar el oficio religioso. Ahora no podía resistir su deseo de conocer a su hija, Ellen Louise.

Woodrow pasaba todo el tiempo que podía con Ellen. No solo era bonita, era inteligente, una artista talentosa y había leído más libros que él. Era el tipo de mujer con la que quería casarse.

Al llegar a casa en Wilmington, Woodrow buscaba pretextos para viajar a Georgia con frecuencia. Cierta vez, después de un almuerzo campestre en una pradera en las afueras de Rome, Woodrow

le dijo a Ellen: "Has sido la única mujer que he conocido a la cual le puedo abrir mis pensamientos". Se estaba enamorando.

Woodrow le pidió a Ellen que se casaran y ella aceptó. Ambos sabían que tenían que esperar. A Woodrow aún le faltaban dos años para terminar sus estudios de postgrado.

Woodrow se esmeró aún más por sus estudios en John Hopkins. A sus padres les preocupaba que se fuera a enfermar si no lo hacía con moderación. No solo estaba estudiando para ser profesor, también

UNIVERSIDAD BRYN MAWR

estaba escribiendo un libro sobre los poderes del gobierno.

Por fin, Woodrow estuvo listo para buscar trabajo. Escribió a Princeton, pero no necesitaban profesores. Una universidad de mujeres estaba por abrirse en Pensilvania. Era la Universidad Bryn Mawr. Le ofrecieron un plaza con un buen sueldo.

Por fin, Woodrow y Ellen podían iniciar una vida de casados. El 24 de junio de 1885 se casaron en la casa de los abuelos de Ellen en Savannah, Georgia.

Capítulo 5
De regreso a Princeton

Los Wilson llegaron a Bryn Mawr en septiembre de 1885. De inmediato Woodrow se hizo popular entre sus estudiantes y los otros profesores. Una joven después habría de decir que Wilson era "el catedrático más interesante e inspirador que jamás había escuchado". Los estudiantes siempre esperaban ver su sonrisa sincera y escuchar sus chistes.

En abril de 1886, Ellen se fue a su casa en Georgia para dar a luz a Margaret. Al siguiente año, en agosto, nació Jessie, la segunda hija de los Wilson.

Estos días felices, sin embargo, fueron nublados por la muerte de la madre de Woodrow, el 15 de abril de 1888. Ella nunca se había recuperado del todo de una grave caída que sufrió en 1886.

Aun así, su muerte fue inesperada y muy dura para Woodrow.

Los Wilson llevaban tres años en Bryn Mawr cuando la Universidad Wesleyan en Middletown, Connecticut, le propuso a Woodrow que formara parte del personal docente. Woodrow aceptó.

UNIVERSIDAD
WESLEYAN

Durante la estadía de los Wilson en Middletown nació la tercera hija. La llamaron Eleanor, pero le decían Nell.

Woodrow no se quedó en Wesleyan por mucho tiempo, porque Princeton lo solicitaba. En el otoño de 1890 regresó a su antigua universidad, emocionado y listo para dar clases.

La enseñanza allí no había cambiado mucho desde los días en que Woodrow era estudiante. Esto no le impidió salir con nuevas ideas para sus propias clases de leyes y política. Los jóvenes que trataron de probar al maestro portándose mal en clase pronto se volvieron sus seguidores. Más y más estudiantes querían escuchar las conferencias de Woodrow. "Al final de sus conferencias, a menudo lo aclamaban", dijo uno de los muchachos.

Woodrow y su familia eran felices en Princeto
Él seguía enamorado de Ellen como nunca. N
recordaba días maravillosos que pasaron junto
"Mi padre tenía cierto regocijo espontáneo, u
deleitable sentido de la diversión y la travesura".

En mayo de 1896, un dolor punzante le bajó desde el brazo derecho hasta la mano. Los dedos se le adormecieron. Se quedó muy preocupado. Vio a un médico que le aconsejó que descansara su

mano por un tiempo prolongado.

Ellen estaba preocupada también. ¿Será que Woodrow estaba trabajando demasiado? ¿Cómo lo iba a convencer de que no trabajara tanto? Pensó que un viaje lejos del ajetreo de Princeton sería una buena cura. El médico de Woodrow estuvo de acuerdo. Ellen lo persuadió de que fuera en barco

a Escocia. Ella se quedaría en casa cuidando a las niñas. Él estaría de viaje por tres meses.

Durante el viaje en barco a través del Atlántico, Woodrow tomó doce días de reposo. Dejó de molestarle la mano. Visitó Carlisle, en Inglaterra, donde había nacido su madre. Se fue en bicicleta al Lake District, en el norte, y se enamoró de esa bella región. Tenía la montaña más alta de Inglaterra y los lagos más extensos y profundos. Le escribió muchas cartas de amor a su Ellen.

Woodrow regresó a comienzos de septiembre a tiempo para prepararse para el 150 aniversario de la Universidad de Princeton. El presidente Grover Cleveland estaría presente junto con reconocidos profesores de todo Estados Unidos. Algunos venían de tan lejos como Europa.

Woodrow pronunció un discurso en la apertura de la celebración. Lo llamó "Princeton al servicio de la Nación". Qué orgullosa estaba Ellen cuando él habló. "Fue todo un éxito, brillante y deslumbrante de principio a fin. ¡Y qué ovación la que recibió Woodrow!", le escribió a su prima Mary.

Quizá Woodrow se entusiasmó aún más esa tarde
cuando el equipo de fútbol americano de Princeton
le ganó a la Universidad de Virginia 48 a 0.

En la clausura de la celebración de tres días, Patton, el rector de la universidad, anunció que iban a cambiar el nombre de la Universidad de Nueva Jersey. Ahora se llamaría oficialmente Universidad de Princeton.

Capítulo 6
Rector de la universidad

Cada vez más, a Wilson lo invitaban a dar conferencias en las universidades de todo el país. Era un orador persuasivo, pleno de ideas y muy solicitado.

En Princeton, el rector Patton no hacía ningún esfuerzo por mejorar la educación. Cuando le preguntaban por qué, Patton le echaba la culpa a la actitud de los estudiantes. "Señores, queramos o no, tenemos que reconocer que Princeton es una universidad de ricos y generalmente los ricos no vienen a estudiar".

El Consejo Directivo estaba perdiendo la paciencia con Patton. Pensaban que era él quien tenía una actitud perezosa. En 1902 acordaron que había llegado el momento de que renunciara.

Woodrow Wilson fue nominado para reemplazar a Patton. Todo el consejo votó por él. A sus

45 años, se convirtió en el decimotercer rector de Princeton.

El 25 de octubre de 1902 tuvo lugar un homenaje de inauguración del nuevo rector. Ciudadanos importantes de todas partes del país, los prestigiosos catedráticos de Princeton y el entusiasta estudiantado hicieron acto de presencia. (A causa de un accidente en su carruaje, el presidente Teodoro Roosevelt no pudo asistir.)

Cuando presentaron a Woodrow Wilson, todos se pusieron de pie y aplaudieron por casi diez minutos.

El rector Wilson habló de lo mucho que Princeton y otras universidades podían contribuir a la nación. Al ofrecer una educación de primera, dijo: "Estamos haciendo un plan para el país". Sabía que a medida que la nación crecía, necesitaba ciudadanos inteligentes y educados. "Las universidades del país deben participar en el suministro de estos ciudadanos", le dijo a la multitud.

El padre de Woodrow, de 80 años de edad, estaba mal de salud y vivía con los Wilson. Lamentablemente, esa misma noche, el doctor Wilson sufrió severos dolores en el pecho. Estuvo en cama por los siguientes tres meses. Casi todas las noches, Woodrow se sentaba al lado de su padre y le cantaba sus himnos favoritos. El doctor Wilson murió el 21 de enero de 1903.

El padre de Woodrow estimuló su mente cuando era joven. Eso era lo que Wilson quería hacer con los estudiantes de la universidad. En Nueva York, en un discurso a estudiantes graduados (llamados también egresados) dijo que él deseaba "transformar a chicos irreflexivos en hombres pensantes".

En una audaz maniobra, Wilson añadió cincuenta talentosos jóvenes tutores al personal docente. Los profesores dictaban cátedra dos veces a la semana en los diferentes cursos. El resto de los días, los estudiantes se reunían con sus tutores en animadas pláticas, en grupos pequeños.

Wilson trabajaba más duro que nunca dando clases, discursos, escribiendo libros y recaudando fondos entre egresados de todo el país. Un profesor nuevo dijo: "Lo que se había conocido como un club privado de clase alta, comenzaba a ser una universidad de verdad".

En 1910, luego de una larga disputa, Wilson perdió el apoyo del consejo directivo y de los egresados con respecto a dónde iban a establecer una nueva escuela de posgrado. Era la segunda vez que el consejo no había apoyado una propuesta que a él le parecía muy importante, un cambio que tenía que ver con los Clubes de Comida.

Wilson se sintió muy desanimado. Quizás era la hora de hacer un cambio. En una carta a Ellen, le escribió melancólicamente: "¿Podría ser hasta cierto punto divertido iniciar una vida nueva juntos otra vez, comenzar una nueva carrera, no crees?".

CLUBES DE COMIDA

LOS CLUBES DE COMIDA DE PRINCETON COMENZARON EN 1879. LOS ESTUDIANTES DE FAMILIAS RICAS ERAN INVITADOS A SER MIEMBROS DE LOS REFINADOS CLUBES CON NOMBRES COMO "IVY" Y "CAP AND GOWN". EL RECTOR WILSON DECÍA QUE LOS CLUBES INCITABAN A LOS MIEMBROS A IGNORAR A LOS DEMÁS ESTUDIANTES. QUERÍA QUE JÓVENES DE TODOS LOS ESTRATOS SOCIALES SE INTEGRARAN. PROPUSO QUE REEMPLAZARAN LOS CLUBES PRIVADOS CON COMEDORES EN EL PROPIO CAMPUS. NO LO LOGRÓ. HOY EN DÍA, TODAVÍA HAY CLUBES DE COMIDA EN PRINCETON.

Capítulo 7
Camino a la presidencia

En la primavera de 1910 se presentó una oportunidad que hizo que Wilson pensara seriamente en cambiar de carrera. Los demócratas de Nueva Jersey buscaban un candidato para gobernador. Los cinco gobernadores anteriores habían sido republicanos. Había llegado la hora de una cara nueva. Hablaron con Wilson. ¿Aceptaría postularse?

A Wilson le fascinaba la política, pero todavía no era un político. La política de Nueva Jersey era difícil. El demócrata más poderoso del estado era "Sugar Jim" Smith, Jr.

"SUGAR JIM" SMITH, JR.

Él era el jefe. Él administraba la maquinaria del partido, una organización que hacía negocios sucios con el gobierno estatal y con las grandes empresas de Nueva Jersey. Pero Wilson había hecho mucho para hacer de Princeton una fuente de gran orgullo para el estado.

Aunque él nunca se había postulado para ningún puesto político, ahora había llegado el momento de contribuir al cambio en el gobierno. Por iniciativa propia, Wilson comenzó a dar discursos a grupos de banqueros, seguidores del Partido Demócrata y a los progresistas, los demócratas que querían que el gobierno de Nueva Jersey fuera más honesto.

Durante el verano, Wilson habló del asunto con su familia y con sus amigos de confianza en Princeton. Todos estuvieron de acuerdo en que se postulara para gobernador. Al final Wilson dijo que no iba a tomar la iniciativa de proponer su nombre. Pero si los demócratas lo escogían, aceptaría ser candidato y postularse para las elecciones.

El candidato sería elegido en la Convención Democrática en Trenton, la capital del estado. El 15 de septiembre, la maquinaria de Sugar Jim apoyó a Wilson. Ganó con facilidad.

Los Progresistas estaban decepcionados con Wilson. Querían a alguien que luchara contra los jefes del partido. Ahora estaban seguros de que Wilson estaba bajo el mando de la maquinaria del partido.

Cuando Wilson se aproximó al podio a hablar, los Progresistas se encogieron en sus asientos. Sugar Jim y sus colegas miraban desde la primera fila con sonrisas de satisfacción en la cara. Esperaban que Wilson hiciera lo que ellos querían.

Pero cuando Wilson comenzó a hablar, sorprendió a ambas facciones del partido, los políticos de la maquinaria y los Progresistas. "Somos testigos… del renacimiento del poder del pueblo", dijo. Muchos en la audiencia se levantaron y lo aclamaron. Ahora los Progresistas sonreían; al fin, había llegado alguien que representaría a los votantes y no a los jefes.

Cuando Sugar Jim y sus colegas trataron de indicarle a Wilson los temas de los que debía hablar, Woodrow Wilson los escuchó amablemente. No discutió, pero siguió su propio camino e hizo campaña por lo que él creía.

El 8 de noviembre, los centros de votación estaban repletos de gente ansiosa por votar. Hacia las diez de la noche, Wilson recibió la noticia de que había vencido al republicano Vivian M. Lewis. Lewis era el Comisionado de la Banca y Seguros del Estado. Había sido un triunfo aplastante. Quince de los veintiún condados de Nueva Jersey apoyaron a Wilson.

El nuevo gobernador no tardó mucho en ser consecuente con sus promesas. Llegó a conocer a los miembros de la legislatura de Nueva Jersey. Como el Congreso de EE. UU., la legislatura estatal contaba con dos cámaras. Las leyes tenían que ser aprobadas por ambas cámaras.

Wilson sabía que se enfrentaba a un senado estatal con más republicanos que demócratas. No iba a ser fácil hacerlos votar en su favor, pero él era persuasivo. En tres meses, se aprobaron nuevas leyes.

Una ley llamada Geran garantizaba elecciones justas. Las papeletas de votación serían secretas. La gente se sintió libre de votar por quien quisiera.

Cualquiera que anhelara ser candidato tenía que ganar en elecciones primarias de su partido antes de las elecciones generales. Esto significaba que los votantes, no los jefes del partido, elegirían a sus candidatos.

La legislatura aprobó la ley contra prácticas corruptas de Wilson. Los candidatos no podían gastar cierta cantidad de dinero en sus propias campañas. Tenían que declarar el dinero que tenían. La grandes empresas no podían darles dinero a las campañas políticas.

También se aprobó una ley de compensación a los trabajadores, que estableció que se les tenía que pagar a los trabajadores que se lesionaran en el trabajo.

Gracias a Wilson, las maquinarias políticas perdieron poder en Nueva Jersey. Trabajaba duro todos los días y descansaba en su casa en la noche. Le leía a su familia como lo había hecho su padre cuando él era niño. A veces todos cantaban juntos alrededor del piano. A Wilson le encantaba la música

y tenía una bella voz. Y cuando recitaba graciosos *limericks* uno después de otro, Margaret, Jessie y Nell no paraban de reír.

Wilson no llevaba mucho tiempo como gobernador cuando políticos y ciudadanos particulares comenzaron a decirle que debía postularse para presidente. Veían lo que estaba haciendo por Nueva Jersey. Creían que sería un buen presidente para este país.

William Howard Taft, un republicano, era el presidente. Las

WILLIAM HOWARD TAFT

siguientes elecciones serían en dos años, en 1912.

Tres poderosos amigos de Princeton acudieron a Wilson. Le pidieron permiso para recaudar fondos y convencer a la gente de que votara por él para

presidente. *Sí*, dijo Wilson. También viajó a otras ciudades a conocer y dar la mano a los votantes. Les simpatizaba este hombre agradable a quien le importaba la gente.

Llegó la fecha de la Convención Democrática en Baltimore, Maryland. Wilson entró a competir por la denominación contra hombres cuyos nombres eran mucho más conocidos que el suyo. Sin embargo, sus ideas de reformas al gobierno eran populares. El 2 de julio, Wilson se convirtió en el candidato demócrata para la presidencia.

Iniciaba la carrera por la Casa Blanca. Y fue una campaña muy inusual. Además del gobernador Wilson por los demócratas y el presidente Taft por el Partido Republicano, había dos candidatos más. Teodoro Roosevelt había sido presidente de 1901 a 1909. Antiguo republicano y amigo de Taft, Roosevelt quería ser presidente de nuevo. Se estaba postulando por lo que se llamaba el "Partido del Alce Macho". Además, también estaba Eugene Debs, que se había postulado dos veces anteriormente y representaba a los trabajadores y sus sindicatos.

TEODORO ROOSEVELT

Wilson hizo su campaña basada en su plataforma llamada Nueva Libertad, que prometía a todos en la nación oportunidades iguales para seguir adelante. Fue una campaña difícil, pero el 5 de noviembre Wilson salió triunfante. Roosevelt quedó de segundo, Taft de tercero y Debs quedó en un lejano cuarto lugar.

La juramentación de Wilson como presidente no se realizaría sino hasta el 4 de marzo de 1913. Tenía cuatro meses para prepararse. Quería pensar bien a quién poner a dirigir las secretarías de su gabinete.

En una sabia decisión, Wilson llevó a su familia a Bermudas, una isla británica en el océano Atlántico. No era el primer viaje de Wilson a la isla. Había hecho buenas amistades allí, como el escritor Mark Twain, entre otras.

Los Wilson rentaron una casa que tenía vista
al transparente mar color turquesa. Ellen pintaba.
Woodrow jugaba al golf y montaba bicicleta por
estrechos caminos curvados, con Jessie y Nell.

Regresaron a Nueva Jersey el 16 de diciembre.
Wilson estaba por convertirse en uno de los hombres más poderosos del mundo. En menos de diez
años, Woodrow Wilson había pasado de ser rector
de la Universidad de Princeton a ser gobernador de
Nueva Jersey y luego a ser presidente de Estados
Unidos. Tenía 55 años.

Capítulo 8
La vida en la Casa Blanca

En un día gris y nublado, Taft y Wilson desfilaron por la avenida Pensilvania en Washington D.C., en un carruaje tirado por caballos. La multitud

emocionada aclamaba y saludaba con la mano.

Frente al Capitolio, juramentaron a Wilson como vigésimo-octavo presidente de Estados Unidos. Su mano se posó sobre la Biblia de Ellen. El nuevo presidente miró hacia la multitud de cien mil personas. "Ha habido un cambio de gobierno", comenzó.

Con voz potente, Wilson le informó a la audiencia sobre sus ideas para hacer un gobierno mejor.
Finalizó con una nota seria en vez de una triunfante: "Este no es un día de triunfos", dijo. "Es un
día de compromisos".

El resto del día, hasta la noche, estuvo ocupado
con saludos de mano y felicitaciones. Después de la

media noche, un sirviente encontró al nuevo presidente parado en su dormitorio en la Casa Blanca. Estaba en ropa interior mirando alrededor con una expresión perpleja. ¿Dónde estaba su piyama?

Estaba en un baúl que se había quedado en la estación del ferrocarril. Cuando al fin llegó el piyama, el presidente estaba profundamente dormido y todavía en ropa interior, y no se despertó para ponérselo.

Wilson llevaba en la presidencia cinco días cuando sufrió
un severo dolor de cabeza
y dolores en el estómago.
Llamaron al médico de la Casa
Blanca, Cary Grayson. El
médico de inmediato
le suspendió a Wilson
sus medicamentos,
incluso uno nuevo lla-
mado aspirina.

DR. CARY GRAYSON

Cuando Wilson se repuso lo suficiente para volver a trabajar, el doctor Grayson le recomendó un
plan para que gozara de buena la salud: descansar lo
más que pudiera, no comer alimentos que le caye-
ran mal al estómago, dormir bien por la noche, dar
paseos en auto para relajarse y jugar golf.

Wilson trató de seguir las indicaciones del doctor Cary Grayson. Sin embargo, relajarse y dormir
bien no era fácil para alguien que era presidente de
Estados Unidos.

Jugar golf era lo que hacía siempre que podía. Le gustaba jugar con el doctor Grayson y así fue que se hicieron amigos para toda la vida. (Durante el invierno, el Servicio Secreto pintaba de negro las pelotas de golf, para que el presidente pudiera practicar en la nieve).

Wilson estaba ansioso por empezar a trabajar en su plataforma de Nueva Libertad.

Comenzó con los aranceles. Estos son los impuestos a los productos que vienen de otros países. Wilson quería bajar los aranceles para que los productos fueran más baratos.

Wilson propuso un nuevo sistema bancario. La Ley de Reserva Federal permitiría que se hicieran préstamos más fácilmente y garantizaría medidas preventivas para que los bancos no quebraran.

Una nueva ley antimonopolio dispuso la creación de una comisión que supervisaría a empresas grandes y pequeñas para que funcionaran de manera justa.

Wilson restableció la costumbre de dirigirse al Congreso directamente, en persona, sobre el estado de la nación. Desde principios del siglo XIX, los presidentes habían escrito el Discurso del Estado de la Unión. Se le enviaba al Congreso y lo leía un empleado en voz alta. Wilson creía que él mismo

debía expresar sus ideas, y esa ha sido la costumbre desde Woodrow Wilson.

Además, por primera vez, se les permitió a los reporteros hacer preguntas en una conferencia de prensa que se llevó a cabo en la oficina Oval de la Casa Blanca, donde trabajaba el presidente. Asistieron 125 reporteros. Encontraron al presidente muy relajado y hospitalario. Contestó la mayoría de las preguntas. Entre marzo y diciembre de 1913, se hicieron sesenta conferencias de prensa.

FIRME AQUÍ, POR FAVOR

EL 3 DE OCTUBRE DE 1913, CINCUENTA INVITADOS VESTIDOS FORMALMENTE ESPERABAN AL PRESIDENTE EN LA OFICINA OVAL. TODOS APLAUDIERON CUANDO EL PRIMER MANDATARIO ENTRÓ Y SE SENTÓ EN EL SILLÓN DE SU ESCRITORIO. EL PRESIDENTE MIRÓ CON PLACER LA LEY DE ARANCELES QUE ESTABA IMPRESA EN UN PERGAMINO, AGUARDANDO SU FIRMA.

AL LADO DEL DOCUMENTO HABÍA DOS PLUMAS DE ORO. USÓ UNA DE ELLAS PARA SU NOMBRE Y LA OTRA PARA SU APELLIDO. LUEGO LE DIO LAS PLUMAS A LOS CONGRESISTAS QUE HABÍAN TRABAJADO ARDUAMENTE PARA QUE SE APROBARA LA LEY. FIRMAR LEYES CON DIFERENTES PLUMAS ES UNA TRADICIÓN QUE LOS PRESIDENTES TODAVÍA SIGUEN.

En cuanto a la señora Wilson, ser extrovertida y sociable no estaba en su naturaleza. Quería ser una Primera Dama de la nación diferente. Había otras cosas que quería hacer además de ser la anfitriona de las fiestas.

¿Cómo vivía la gente pobre en las barriadas, atestadas y escondidas, apartadas de los sectores ricos de la ciudad? Ella quería ayudarlos. Comenzó instando al Congreso a aprobar una ley para componer el estado de las barriadas.

Una mañana, la Primera Dama y su hijas estaban admirando los formales jardines de la Casa Blanca desde la ventana de su dormitorio. De pronto, a la Primera Dama se le ocurrió una idea: hacer un jardín de rosas. Su esposo pasaría por ahí de camino a su oficina. El Jardín de Rosas se ha convertido en un sitio muy querido de la Casa Blanca.

En diciembre de 1913, el doctor Grayson notó que tanto Woodrow como Ellen se veían cansados. Los convenció de que viajaran al sur

para Navidad. Así lo hicieron. De todos modos, cuando regresaron, Ellen aún estaba débil y cansada.

Durante toda la primavera, Woodrow había estado "terriblemente preocupado" por Ellen. Como no mejoraba, el doctor consultó con otros médicos. Ellen tenía una grave enfermedad de los riñones. No podían hacer nada por ella.

Ellen empeoró gradualmente. El jueves 6 de agosto, parecía saber que su final estaba cerca. Le preguntó a Woodrow qué iba a pasar con la ley para componer el estado de las barriadas. Él le pidió al Congreso que aprobara la ley ese mismo día, y así lo hicieron.

Cuando Woodrow se lo contó a Ellen, ella sonrió. Murió alrededor de las cinco de la tarde.

Ellen estuvo casada por 29 años con el hombre de quien ella le había dicho a su hermano que era "el hombre más importante del mundo". Ellen tenía 54 años.

Woodrow quedó destrozado. ¿Cómo iba a poder seguir sin ella?

Capítulo 9
"Él nos mantuvo alejados de la guerra"

Wilson había quedado solo y deprimido. Extrañaba a su querida Ellen. Era difícil concentrarse en los asuntos del país, pero ahora más que nunca tenía que hacerlo.

A finales de julio de 1914, Alemania le declaró la guerra a Francia, Rusia y Gran Bretaña. Ni Wilson ni el pueblo estadounidense querían que Estados Unidos entrara a la guerra en Europa. Wilson se había propuesto mantener a su país en la neutralidad. Eso significaba que no iba a tomar partido por ninguno de los dos bandos.

En 1915, el *Lusitania*, un barco de pasajeros inglés, fue atacado por dos torpedos alemanes en la costa sur de Irlanda. A bordo iban 128 estadounidenses y todos perdieron la vida.

Los ataques de submarinos no paraban. Más estadounidenses murieron. No eran soldados, sino ciudadanos de a pie. Los estadounidenses comenzaron a alborotarse. Wilson temía que el país tuviera que ir a la guerra. La presión sobre él aumentaba.

Cuando lograba alejarse de todo el ajetreo de su trabajo, a Wilson le gustaba conducir por los alrededores de Washington. Una tarde, Wilson salió a pasear en su auto con el doctor Grayson. Una mujer saludó con la mano al doctor cuando el auto pasó. A Woodrow le pareció hermosa y quiso saber quién era. Su nombre era Edith Galt. Era una viuda, 16 años más joven que Woodrow.

En poco tiempo, el doctor Grayson se las arregló para que se conocieran "accidentalmente". Él y el presidente fueron a jugar golf. Cuando regresaron, Edith estaba en la Casa Blanca tomando té con una de las primas de Woodrow.

Edith y Woodrow siguieron viéndose. Entre más tiempo pasaban juntos, más disfrutaba Woodrow de su compañía. Cuando al fin le pidió que se casara con él,

EDITH GALT

ella aceptó. Se casaron en una pequeña ceremonia en casa de Edith, acompañados por sus familiares. Esa noche, viajaron a Hot Springs, Virginia, a celebrar su luna de miel.

A la mañana siguiente, un agente del Servicio Secreto del presidente vio a Woodrow en frac y sombrero de copa, bailando la giga. De pronto, hizo sonar sus talones en el aire y comenzó a cantar una canción popular de esos tiempos: "¡Oh tú, hermosa muñeca! ¡Tú, gran y hermosa muñeca!". El agente secreto se dio vuelta y se fue callado y aprisa.

En 1916 Wilson ganó la presidencia por un segundo término. El lema de su campaña fue "Él nos mantuvo alejados de la guerra".

Al otro lado del océano, se libraba en Francia la Batalla de Verdun. Fue la batalla más sangrienta de la guerra. Se prolongó por diez meses. Más de 800 mil soldados franceses y alemanes murieron o resultaron heridos.

El 17 de enero, le mostraron a Wilson un telegrama secreto que los espías británicos habían obtenido. Revelaba que Alemania estaba tratando de persuadir a México para que se uniera a ellos en la guerra. De recompensa, Alemania ayudaría a México a recobrar los territorios que había perdido con Estados Unidos en 1848. Wilson estaba enfurecido.

Un mes más tarde Alemania ordenó a sus submarinos que hundieran todos los barcos que pudieran. No importaba que los barcos fueran estadounidenses. Los alemanes creían que Estados Unidos permanecería neutral a toda costa. Pero se equivocaron. Durante el mes de marzo, siete barcos mercantes de Estados Unidos fueron atacados con torpedos. Wilson sabía que había llegado la hora de ir a la guerra.

Se dirigió al Congreso: "El mundo debe estar seguro para que funcione la democracia", dijo Wilson. El Congreso estuvo de acuerdo. El 6 de abril, Estados Unidos le declaró la guerra a Alemania.

Capítulo 10
Preparación para la guerra

¿Estaba Estados Unidos preparado para la guerra? No. Wilson se dio cuenta de que hacía falta un ejército mucho más grande. Más de 100 millones de personas vivían en Estados Unidos con un pequeño ejército de 190,000 hombres.

A los hombres se les pidió que se hicieran soldados o *"doughboys"*, un sobrenombre que se usó durante la guerra entre México y EE. UU. de mediados del siglo XIX. Tomaría tiempo crear un gran ejército, bien entrenado. Wilson le pidió a los agricultores que produjeran todos los alimentos que pudieran. No solo tenían que alimentar a la gente del país, también tenían que mandar alimentos a los soldados en Europa. La comida en EE. UU. se racionó, es decir que solo se podía comprar cierta cantidad. Para tener suficiente comida, la gente comenzó a crear sus propias huertas, llamadas "huertas de la victoria".

Se necesitaron tantos soldados en Europa que las mujeres tuvieron que tomar los trabajos que los hombres hacían. Trabajaban en bancos, compañías de teléfono, fábricas metalúrgicas y fábricas de municiones. Algunas trabajaban como mecánicas de aviones.

El gobierno vendía Bonos de la Libertad para recaudar fondos para la guerra.

Woodrow le dio a Edith un rebaño de ovejas. Las ovejas mantenían corta la grama de la Casa Blanca y "lana de la Casa Blanca" fue subastada. Se recaudaron casi $100,000 que los Wilson donaron a la Cruz Roja.

El 8 de enero de 1918, Wilson presentó sus Catorce Puntos al Congreso. Eran los objetivos para cuando terminara la guerra. Uno era crear la Liga de las Naciones. La esperanza de Wilson era que las naciones se unieran en una sociedad y juntas trabajaran por la paz del mundo.

Para agosto de 1918, un millón y medio de soldados estadounidenses se habían internado en Europa. Los Aliados estaban desabastecidos luego de cuatro años de guerra brutal en las trincheras. Les dieron la bienvenida a los *doughboys* que ayudaron a vencer a Alemania. Al final de la guerra, en noviembre, más de dos millones de soldados estadounidenses habían participado en la guerra.

La Batalla del Bosque Argonne, en Francia, fue la última. Comenzó el 26 de septiembre y se prolongó por 47 días de duros enfrentamientos. El cese al fuego se dio el 11 de noviembre de 1918.

En los cinco meses en los que Estados Unidos participó, más de 116,516 estadounidenses murieron y 204,002 resultaron heridos. El final de la guerra no llegaría hasta que se acordaran los términos de la paz y se firmara un tratado. El 4 de diciembre, el presidente y la primera dama cruzaron el Atlántico para asistir a la Conferencia de Paz de París. En Francia, multitudes emocionadas le dieron la bienvenida de un héroe al presidente. Woodrow y Edith visitaron Italia y Gran Bretaña. Dondequiera que iban, grandes multitudes esperaban a Wilson.

Al comenzar la Conferencia de Paz de París en enero de 1918, dos mil personas hicieron fila bajo la lluvia para ver

LA LUCHA DE LOS *DOUGHBOYS*

NADIE ESTÁ SEGURO DÓNDE NI POR QUÉ SE LES DIO A LOS SOLDADOS EL SOBRENOMBRE *DOUGHBOYS* (MUCHACHOS DE MASA). ES MUY PROBABLE QUE VENGA DE LOS SOLDADOS RASOS QUE MARCHABAN A PIE A TRAVÉS DEL DESIERTO AL NORTE DE MÉXICO, DURANTE LA GUERRA MÉXICO-ESTADOS UNIDOS. A MEDIDA QUE AVANZABAN SE LES IBA PEGANDO UNA ARENILLA BLANCA. PARECÍA QUE IBAN CUBIERTOS DE HARINA DE PIES A CABEZA. TAMBIÉN SE LES QUEDÓ PEGADO EL APODO *DOUGHBOYS*.

WOODROW
WILSON

GEORGES
CLEMENCEAU

VITTORIO
ORLANDO

DAVID LLOYD
GEORGE

al presidente caminar por la gran entrada al Ministerio de Relaciones Exteriores.

Los Cuatro Grandes dominaban las convenciones, Georges Clemenceau, de Francia; David Lloyd George, de Gran Bretaña; Vittorio Orlando, de Italia; y Woodrow Wilson.

El restablecimiento de territorios era lo primero en la lista de temas a tratar. La guerra había cambiado las fronteras. Era difícil decidir sobre las nuevas fronteras y resolver disputas sobre qué país recibiría qué parte del territorio. Wilson se concentró en buscar apoyo para la Liga de las Naciones. Eso los llevó a enfocarse en un punto importante: las naciones participantes tenían que protegerse unas a las otras. Si una nación era atacada, las otras naciones tendrían que defenderla.

Las pláticas sobre los términos del tratado continuaban y se prolongaban. Los Cuatro Grandes cambiaban de opinión sobre cómo Alemania sería castigada por causar la guerra. Tantas discusiones tenían a Wilson fatigado.

Comenzó a tener fiebres, severos dolores de cabeza, tos y dolores de estómago. ¿Tenía gripe? Su mente estaba turbia y confusa. ¿Le estaban dando pequeños derrames cerebrales?

Afortunadamente, Wilson se repuso. Después de seis largos meses, el tratado quedó listo. El 28 de junio de 1919, los Wilson viajaron de París a Versalles, donde se había construido un gigantesco palacio a finales del siglo XVII. La firma del tratado tuvo lugar en el magnífico Salón de los Espejos.

Al día siguiente, Woodrow y Edith abordaron un barco llamado George Washington. Wilson estaba seguro de que su sueño de la Liga de las Naciones estaba más cerca de hacerse realidad.

VERSALLES

Capítulo 11
La lucha por la Liga

En casa, Woodrow Wilson se enfrentó a un gran problema. El Tratado de Versalles estaba en peligro. Tenía que ser aprobado por el Senado. Muchos de los senadores estaban en contra por la Liga de las Naciones. "¿Vamos a ser capaces de rechazarlo y romperle el corazón al mundo?", preguntó Wilson cuando se dirigió al Senado.

¿Por qué los senadores se oponían a la Liga de las Naciones? Principalmente, por el decreto que decía que las naciones tenían que defenderse unas a otras. ¿Por qué Estados Unidos tiene que garantizar la seguridad de los países que están al otro lado del Atlántico?

HENRY CABOT LODGE

Henry Cabot Lodge, un senador republicano de mucha influencia, discrepaba de Wilson y de sus políticas. Él se aseguró de que se le hicieran cambios y más cambios al tratado.

La reacción de Wilson fue viajar 10 mil millas por ferrocarril a 29 ciudades en los estados del Oeste. Hablaría directamente con los ciudadanos estadounidenses. Los que eran cercanos a él, como el doctor Grayson se oponían al viaje. Wilson tenía que descansar. Ni Edith pudo hacer que el presidente se quedara en casa.

Multitudes de estadounidenses, tanto demócratas como republicanos, se abalanzaban a escuchar a Wilson. Él sentía cómo la marea se tornaba a favor de la Liga.

Pero a medida que pasaban los días, el doctor Grayson y Edith se daban cuenta de que el presidente estaba muy enfermo. Él mismo admitió que tenía el brazo y la pierna izquierdos adormecidos. La gira se acortó y Wilson, desilusionado, regresó a la Casa Blanca.

LAS MUJERES Y EL VOTO

EN 1920 EL NÚMERO DE PERSONAS QUE PODÍAN VOTAR EN ESTADOS UNIDOS SE DUPLICÓ. LA CAUSA FUE UNA ENMIENDA, O CAMBIO, A LA CONSTITUCIÓN QUE LE GARANTIZABA EL DERECHO AL VOTO A LA MUJER. AL PRINCIPIO, WOODROW WILSON NO FUE UN FUERTE VOCERO DE LA CAUSA. SU ACTITUD CAMBIÓ DESPUÉS DE QUE LAS MUJERES EMPEZARON A PROTESTAR FRENTE A LA CASA BLANCA. EN 1918, WILSON SE DIRIGIÓ AL CONGRESO A FAVOR DEL VOTO PARA LA MUJER. AUN ASÍ TOMÓ COMO DOS AÑOS PARA QUE LA DECIMANOVENA ENMIENDA SE APROBARA.

El 2 de octubre, su cuarto día en casa, Edith notó que la mano izquierda de Woodrow estaba paralizada. Se fue a telefonear al doctor Grayson. Cuando regresó, Woodrow se había desmayado en el piso.

Un derrame cerebral había paralizado el lado izquierdo de su cuerpo. Solo los médicos, los familiares y los consejeros cercanos sabían de la gravedad de la enfermedad del presidente Wilson. Al pueblo estadounidense se le dijo que el presidente estaba fatigado. Nada más.

Tenía que tomarse una decisión muy difícil. Si un presidente no puede realizar sus labores, el vicepresidente lo reemplaza. Aunque Wilson no podía levantarse de su cama, su mente estaba clara.

Los médicos le dijeron a Wilson que podía trabajar mientras se mejoraba. Esto fue un alivio para el vicepresidente Thomas Marshall. Lo último que deseaba era la responsabilidad de ser presidente.

Edith comprendía el trabajo del presidente y lo que él pensaba sobre ciertos asuntos. En los cuatro años previos, ella había revisado importantes

documentos junto a él por las mañanas. Después de la cena, trabajaban juntos de nuevo.

Solamente el doctor Grayson y el jefe de despacho de Wilson sabían que Edith le estaba mostrando al presidente lo que tenía que ver, firmar o decidir. A veces hasta ella tomaba decisiones por él. Quería que su esposo se mejorara. Haría lo que fuera para ayudarlo.

Después de un mes, Wilson se pudo sentar en una silla en su dormitorio. Comenzó a recibir a algunos miembros de su gabinete.

El Congreso seguía debatiendo el Tratado de Versalles. Decidieron rechazarlo por votación en 1920. La votación fue de 49 contra 35. El presidente estaba devastado. En noviembre habría otra elección. ¿Debía postularse por tercera vez, o no? En el fondo Wilson sabía que era imposible.

El Día de la Inauguración en marzo de 1921, Wilson fue en auto desde la Casa Blanca al Capitolio junto al siguiente presidente, el republicano Warren Harding. Como Woodrow no podía subir las escaleras para la juramentación, Edith y Woodrow no se quedaron para la ceremonia.

Esa tarde, más de 500 personas se congregaron frente a su nueva casa en la calle S para saludar y aclamar a Wilson. Amigos del gobierno pasaron a desearle buena salud.

Al día siguiente, llegaron miles de personas más. Mientras las multitudes lo saludaban con la mano, él sonreía y les devolvía los saludos con un pañuelo.

Los Wilson llevaron una vida tranquila en su nueva casa. Woodrow compró un auto negro de la flota de la Casa Blanca para sus paseos vespertinos. Mandó a pintar sus iniciales en las puertas, sobre la insignia presidencial. El águila del frente fue reemplazada por un tigre. El tigre es la mascota de Princeton.

La música y la lectura mantuvieron a Edith y Woodrow entretenidos en las noches. Pasaron tres años llenos de paz juntos.

A principios de enero de 1924 Edith sabía que la salud de Woodrow estaba empeorando y llamó al doctor Grayson. Pero no hubo mejoría. Wilson se enfermó más, y el 3 de febrero murió en su casa, a los 67 años. Fue sepultado en la Catedral Nacional de Washington.

En 1956, el decano de la catedral, el Reverendísimo Francis Sayre Jr., presidió una ceremonia especial. El ataúd de Wilson fue trasladado a otro lugar en la catedral. El reverendo Sayre era el nieto de Woodrow Wilson.

REVERENDO
FRANCIS B. SAYRE, JR.

En 1923, Francis Sayre, que entonces tenía ocho años, había salido a pasear en el auto con su abuelo cuando alguien gritó: "¡Yo estoy por la Liga!". Francis gritó también con voz emocionada: "¡Yo estoy por la Liga!".

"El abuelo no dijo nada", recordó después. "Solamente se deshizo en lágrimas por razones que nunca comprendí, me acercó con su brazo y me dio un beso en la frente".

EL ORIGEN DE LAS NACIONES UNIDAS

EN LAS DÉCADAS DE 1920 Y 1930, LOS PAÍSES MÁS PODEROSOS COMENZARON A SALIRSE DE LA LIGA DE LAS NACIONES. PARA 1939, LA LIGA NO TUVO EL PODER PARA PREVENIR LA SEGUNDA GUERRA MUNDIAL. A COMIENZOS DE 1942, ESTADOS UNIDOS, GRAN BRETAÑA, LA UNIÓN SOVIÉTICA (RUSIA), CHINA Y OTRAS 22 NACIONES FIRMARON UN ACUERDO DE NACIONES UNIDAS. (FUE EL PRESIDENTE FRANKLIN ROOSEVELT QUIEN ACUÑÓ EL TÉRMINO "NACIONES UNIDAS".) SE COMPROMETÍAN A LUCHAR CONTRA ALEMANIA

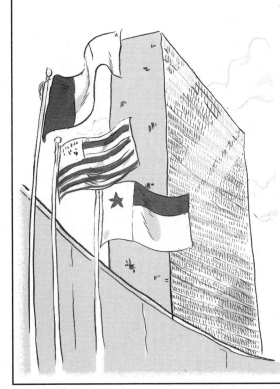

Y OTROS ENEMIGOS. LA GUERRA TERMINÓ EN 1945. LA ORGANIZACIÓN DE LAS NACIONES UNIDAS SE ESTABLECIÓ OFICIALMENTE EL 24 DE OCTUBRE CON 51 MIEMBROS. HOY EN DÍA TIENE 192 MIEMBROS.

LÍNEA CRONOLÓGICA DE LA VIDA DE WOODROW WILSON

1856 —Woodrow Wilson nace en Staunton, Virginia, el 28 de diciembre.

1859 —Se traslada a Augusta, Georgia.

1875 —Ingresa a la Universidad de Nueva Jersey, ahora conocida como Universidad de Princeton.

1881 —Se traslada a Atlanta, Georgia, a ejercer la abogacía.

1883 —Ingresa a la Universidad de John Hopkins, en Baltimore, Maryland.

1885 —Se casa con Ellen Louise Axson.

1886 —Nace su primera hija, Margaret, seguida por Jessie en 1887 y Eleanor en 1889.

1890 —Entra a formar parte del personal docente de la Universidad de Princeton.

1902 —Es elegido rector de la Universidad de Princeton.

1910 —Es elegido gobernador de Nueva Jersey.

1913 —Es elegido presidente de Estados Unidos.

1914 —Su esposa Ellen muere a causa de la enfermedad de Bright.

1915 —Se casa con Edith Bolling Galt.

1917 —Es elegido presidente para un segundo término.

1918 —Lee sus Catorce Puntos en un discurso dirigido al Congreso, en enero.

1919 —Asiste a la Conferencia de Paz de París. Colapsa en la Casa Blanca a causa de un derrame cerebral que lo paraliza.

1920 —Le otorgan el Premio Nobel de la Paz.

1921 —Los Wilson se trasladan a una casa en la calle S.

1924 —Muere el 3 de febrero.

LÍNEA CRONOLÓGICA DEL MUNDO

Abraham Lincoln es elegido presidente de Estados Unidos. — **1860**

Comienza la Guerra Civil de Estados Unidos. — **1861**

Termina la Guerra Civil y Abraham Lincoln muere el 15 de abril. — **1865**

Alfred Nobel inventa la dinamita. — **1866**

El Canal de Suez une el Mediterráneo con el Mar Rojo. — **1869**

Thomas Alva Edison inventa la bombilla incandescente. — **1879**

Se publica *Las aventuras de Huckleberry Finn* de Mark Twain. — **1884**

Una inmigrante irlandesa de 15 años es el primer pasajero que pasa por la Isla Ellis. — **1892**

El fundador de la Cruz Roja, Henry Dunant, y el economista francés Frederick Passy reciben el Premio Nobel de la Paz. — **1901**

Los hermanos Wright realizan su primer vuelo en avión en Kitty Hawk. — **1903**

Ocurre el Gran Terremoto de San Francisco. — **1906**

El *Titanic* se hunde el 15 de abril. — **1912**

Comienza la Primera Guerra Mundial en Europa. — **1914**

El Tratado de Versalles da fin a la Primera Guerra Mundial. — **1919**

La Decimonovena Enmienda a la Constitución de EE. UU. concede el derecho al voto a las mujeres. — **1920**

Comienza a funcionar la Organización de las Naciones Unidas el 24 de octubre. — **1945**

Se disuelve la Liga de las Naciones. — **1946**

Colección ¿Qué fue...? / ¿Qué es...?

El Álamo

La batalla de Gettysburg

El Día D

La Estatua de la Libertad

La expedición de Lewis
y Clark

La Fiebre del Oro

La Gran Depresión

La isla Ellis

La Marcha de Washington

El Motín del Té

Pearl Harbor

Pompeya

El Primer Día de Acción
de Gracias

El Tren Clandestino

Colección ¿Quién fue...? / ¿Quién es...?

Albert Einstein

Alexander Graham Bell

Amelia Earhart

Ana Frank

Benjamín Franklin

Betsy Ross

Fernando de Magallanes

Franklin Roosevelt

Harriet Beecher Stowe

Harriet Tubman

Harry Houdini

Los hermanos Wright

Louis Armstrong

La Madre Teresa

Malala Yousafzai

María Antonieta

Marie Curie

Mark Twain

Nelson Mandela

Paul Revere

El rey Tut

Robert E. Lee

Roberto Clemente

Rosa Parks

Tomás Jefferson

Woodrow Wilson